U0675076

潜能开发
青少年思维
能力训练丛书

越玩越聪明 的 填字游戏

李赠华 主编

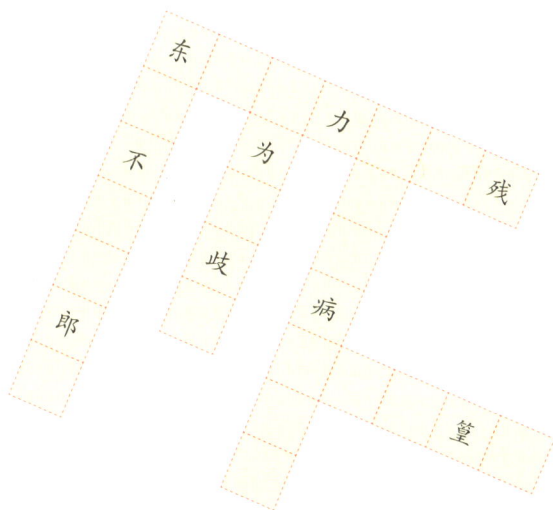

知识出版社
Knowledge Publishing House

图书在版编目（CIP）数据

越玩越聪明的填字游戏 / 李赠华主编. -- 北京：
知识出版社，2019.11

（潜能开发青少年思维能力训练丛书）

ISBN 978-7-5215-0087-5

Ⅰ．①越… Ⅱ．①李… Ⅲ．①智力游戏—青少年读物
Ⅳ．①G898.2

中国版本图书馆CIP数据核字(2019)第250463号

越玩越聪明的填字游戏 　李赠华　主编

出 版 人	姜钦云	
责任编辑	王云霞	
策划编辑	田荣尚	
特约编辑	曾旭明	
装帧设计	张雅蓉	
出版发行	知识出版社	
地　　址	北京市西城区阜成门北大街17号	
邮　　编	100037	
电　　话	010-88390659	
印　　刷	南昌市红星印刷有限公司	
开　　本	710mm×1000mm　1/16	
印　　张	10	
字　　数	160千字	
版　　次	2019年11月第1版	
印　　次	2019年11月第1次印刷	
书　　号	ISBN 978-7-5215-0087-5	

定　　价　　36.00元

版权所有　翻印必究

前言

大脑是人体最复杂的器官，它不仅主导着人的思想，还控制着人的感觉、情绪和反应，主宰着人一生的发展。让大脑蕴藏的潜能得到充分的开发，是一个人走向成功的关键。

如同人的躯体一样，大脑也可以通过训练来获得更好的发展，变得更聪明、更具有创造性。而6～15岁就是开发大脑潜能的黄金时期，是青少年养成爱思考、会思考好习惯的关键阶段。为了让孩子们爱思考、会思考、勤思考，并将这种好习惯带到学习中去，根据青少年这一阶段身心发育的特点，我们特别打造了这套"潜能开发·青少年思维能力训练"丛书，针对孩子不同的思维能力和思维方式，进行定点、定项、定目标的系统训练。

"潜能开发·青少年思维能力训练"丛书共10本，包括《越玩越聪明的谜语游戏》《越玩越聪明的思维游戏》《越玩越聪明的数学游戏》《越玩越聪明的脑筋急转弯》《越玩越聪明的趣味实验》《越玩越聪明的火柴棍游戏》《越玩越聪明的成语游戏》《越玩越聪明的填字游戏》《越玩越聪明的左脑游戏》和《越玩越聪明的右脑游戏》，主题多样，题型丰富，是一套科学、系统、有趣的思维训练工具书。

"潜能开发·青少年思维能力训练"丛书不仅可以全方位地培养孩子的思维能力，还可以根据孩子自身的思维特点，有重点地进行思维训练，取长补短，培养良好的思维习惯。本丛书图文结合，寓教于乐，既增强了趣味性，又扩大了孩子的知识面，让他们在玩乐中调动学习兴趣，循序渐进地培养良好的思维习惯，成为真正的思维高手！

编　者

2019 年 10 月

目录

第一章 字词篇

第二章 成语篇

第三章　诗歌篇

第四章　谚语俗语篇

第七章　方格填字篇

第八章　横纵填字篇

第一章

字词篇

1 加一笔

为下面的汉字加一笔，使它变成一个新字。

日 ---→ ⬤   火 ---→ ⬤

人 ---→ ⬤   了 ---→ ⬤

木 ---→ ⬤   干 ---→ ⬤

十 ---→ ⬤   大 ---→ ⬤

2 减一笔

为下面的汉字减一笔，使它变成一个新字。

于 ---→ ⬤   自 ---→ ⬤

玉 ---→ ⬤   用 ---→ ⬤

体 ---→ ⬤   百 ---→ ⬤

必 ---→ ⬤   令 ---→ ⬤

③ 汉字的加法

小 ＋ 大 ＝ ♥　　　口 ＋ 木 ＝ ♥

田 ＋ 心 ＝ ♥　　　日 ＋ 月 ＝ ♥

鱼 ＋ 羊 ＝ ♥　　　女 ＋ 子 ＝ ♥

口 ＋ 玉 ＝ ♥　　　走 ＋ 己 ＝ ♥

④ 加偏旁

为下面的汉字加上三个不同的偏旁，使它成为三个新字。

火 ----▶ ☁ ☁ ☁

巴 ----▶ ☁ ☁ ☁

交 ----▶ ☁ ☁ ☁

寸 ----▶ ☁ ☁ ☁

5　选字组词

圈出正确的字组词。

防　**妨**　碍　　　　杭　**洲　州**

须　**需**　要　　　　毕　**竟　竞**

疆　**僵**　硬　　　　狡　**辨　辩**

6　火眼金睛

圈出下面的错别字，并在括号里写上正确的字。

| 喜雀 | （　） | 松驰 | （　） |

| 倾刻 | （　） | 光茫 | （　） |

| 穿流不息 | （　） | 情不自尽 | （　） |

| 能曲能伸 | （　） | 义气用事 | （　） |

7 近义字

写出下列汉字的近义字。

寒 ----▶

进 ----▶

叫 ----▶

行 ----▶

听 ----▶

弯 ----▶

关 ----▶

阻 ----▶

8 反义字

写出下列汉字的反义字。

南 ----▶

胜 ----▶

纵 ----▶

聚 ----▶

浓 ----▶

盈 ----▶

虚 ----▶

雅 ----▶

9 量词填空

在括号里填上合适的量词。

一（　　）猫　　　　一（　　）鱼

一（　　）牛　　　　一（　　）马

一（　　）椅子　　　一（　　）桌子

一（　　）钢笔　　　一（　　）帽子

一（　　）大雨　　　一（　　）小桥

10 叠词填空

把下面的叠词补充完整。

黑 □ □　　　　　白 □ □

红 □ □　　　　　黄 □ □

金 □ □　　　　　绿 □ □

　□ 冲冲　　　　　□ 冰冰

　□ 甸甸　　　　　□ 溜溜

11 形近字填空

选择正确的汉字组词。

既和即　濠和僚　徒和徙　拔和拨

立 ◯　◯ 草　迁 ◯　点 ◯

◯ 然　官 ◯　师 ◯　◯ 草

12 组词练习

为下列汉字组词。

打＿＿
打＿＿　打＿＿

开＿＿
开＿＿　开＿＿

＿＿天
＿＿天　＿＿天

＿＿跑
＿＿跑　＿＿跑

13 古诗中的数字

请在括号里填上表示数字的汉字，把诗句补充完整。

人间（　　　）月芳菲尽，山寺桃花始盛开。

劝君更尽（　　　）杯酒，西出阳关无故人。

秦时明月汉时关，（　　　）里长征人未还。

毕竟西湖（　　　）月中，风光不与四时同。

14 古诗中的颜色

请在括号里填上表示颜色的汉字，把诗句补充完整。

（　　　）豆生南国，春来发几枝？

露从今夜（　　　），月是故乡明。

接天莲叶无穷（　　　），映日荷花别样（　　　）。

（　　　）梅时节家家雨，（　　　）草池塘处处蛙。

15 照样子，写一写

参照例子，写出下列汉字的近义字。

看 ----▶ 望　观　瞧

恐 ----▶ 　　　

说 ----▶ 　　　

黑 ----▶ 　　　

不 ----▶ 　　　

拿 ----▶ 　　　

16 形近字组词

为下列汉字组词。

矛　　　芦　　　绸　　　　　藉

　　予　庐　　　稠　　　　　籍

17 加偏旁再组词

给下列汉字加上偏旁，然后组词。

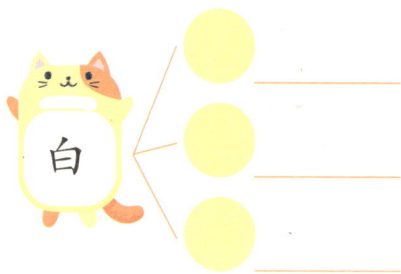

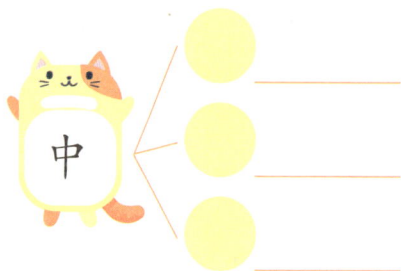

白

田

中

又

子

可

18 巧加偏旁

按照给出的字和方向加上偏旁或另一个字（如上箭头就表示在上边加），变成一个新字。

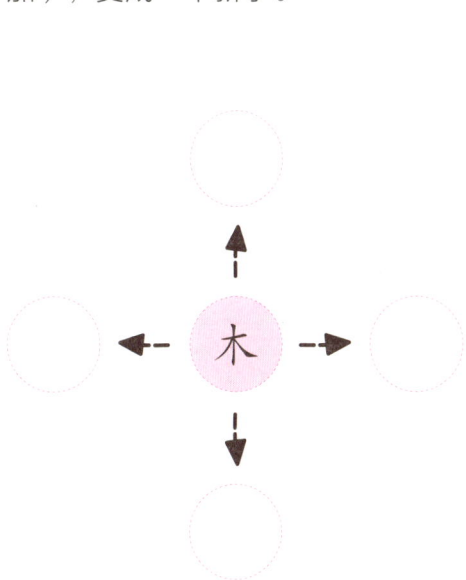

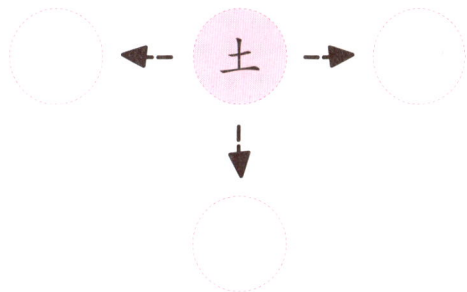

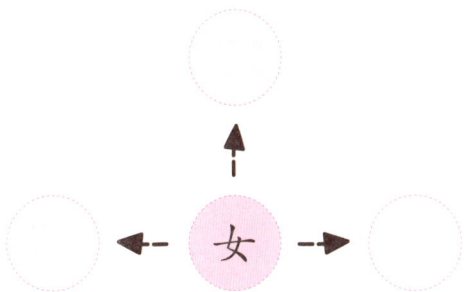

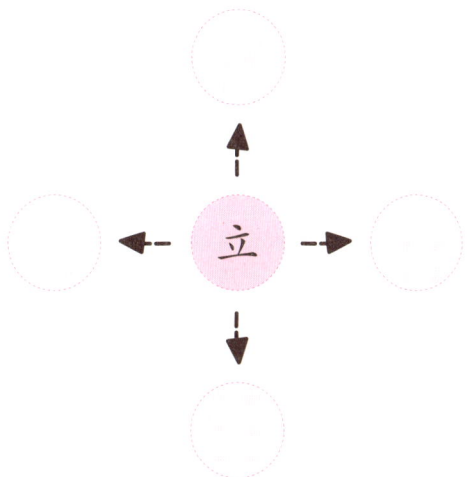

○ ← 土 → ○

土 ↓ ○

○ ↑
○ ← 木 → ○
○ ↓

○ ↑
○ ← 立 → ○
○ ↓

○ ↑
○ ← 女 → ○

19 近义字组词

两个近义字可以组成词语。请你参照下面的例子，在圆圈里填上合适的字。

例：奔 跑

消 ○　　疼 ○　　奇 ○

黑 ○　　珍 ○　　挖 ○

升 ○　　飞 ○　　捕 ○

20 反义字组词

两个反义字可以组成词语。请你参照下面的例子，在圆圈里填上合适的字。

例：大 小

远 ○　　方 ○　　四 ○

天 ○　　吉 ○　　昼 ○

善 ○　　安 ○　　动 ○

第二章

成语篇

1 成语填空

把下列成语补充完整。

跃跃（　）试　　所向披（　）　　绝无仅（　）

美中不（　）　　回味无（　）　　久负（　）名

燃（　）之急　　饥（　）交迫　　一（　）作气

日夜（　）程　　惊心动（　）　　直（　）了当

2 成语纠错

圈出下列成语的错别字，在右边写上正确的字。

侧耳顷听　　　深思孰虑　　　司空见贯

来之不义　　　冰青玉洁　　　不曲不挠

前所末有　　　崇山峻岭　　　唇枪舌箭

缚荆请罪　　　有侍无恐　　　走头无路

3　叠词成语（一）

下面是AABB形式的叠词成语，仿照例子在横线上写出缺少的叠词。

例：干干<u>净净</u>

沸沸_____　　_____烈烈

跟跟_____　　期期_____

_____业业　　浑浑_____

洋洋_____　　_____念念

4　叠词成语（二）

下面是AABC形式的叠词成语，仿照例子在横线上写出缺少的叠词。

例：滔滔<u>不绝</u>

_____大方　　_____皆是

_____在目　　_____私语

_____来迟　　_____向荣

_____而谈　　_____不安

5 叠词成语（三）

下面是ABCC形式的叠词成语，仿照例子在横线上写出缺少的叠词。

例：得意扬扬

怒气_____　　大名_____

白雪_____　　生机_____

文质_____　　风尘_____

虎视_____　　人才_____

6 隔字相同的成语（一）

下面是ABAC形式的成语，仿照例子在横线上写出缺少的字。

例：有声有色

___策___力　　___吹___擂

___歌___泣　　___接___厉

___心___意　　___威___福

___偏___倚　　___发___中

7 隔字相同的成语（二）

下面是ABCB形式的成语，仿照例子在横线上写出缺少的字。

例：一<u>了</u>百<u>了</u>

大＿＿特＿＿   人＿＿亦＿＿

似＿＿非＿＿   以＿＿还＿＿

自＿＿而＿＿   将＿＿就＿＿

出＿＿反＿＿   得＿＿且＿＿

8 首尾相同的成语

下面是ABCA形式的成语，仿照例子在横线上写出缺少的字。

例：<u>数</u>不胜<u>数</u>

＿＿外有＿＿   ＿＿复一＿＿

＿＿所未＿＿   ＿＿定思＿＿

＿＿无可＿＿   ＿＿喊捉＿＿

＿＿所欲＿＿   ＿＿上加＿＿

9 含数字的成语

下面是含有数字的成语，仿照例子在横线上写出缺少的字。

例：<u>七</u>上<u>八</u>下

___花___门　　___教___流

___牛___毛　　___军___马

___全___美　　___尘不染

___见如故　　___步穿杨

10 含器官的成语

下面是含有器官名称的成语，仿照例子在横线上写出缺少的字。

例：<u>胸</u>有成竹

愁___苦___　　___悦诚服

一叶障___　　悬梁刺___

摩___擦___　　___熟能详

___飞色舞　　没___难忘

11 含动物的成语

下面是含有动物名称的成语，仿照例子在横线上写出缺少的字。

例：<u>狐</u>假<u>虎</u>威

风声___唳　　　　指___为___

杯弓___影　　　　舐___情深

千里___毛　　　　___死___悲

心___意___　　　　闻___起舞

12 含植物的成语

下面是含有植物名称的成语，仿照例子在横线上写出缺少的字。

例：<u>柳</u>暗<u>花</u>明

投___报___　　　　昙___一现

___断丝连　　　　顺藤摸___

世外___源　　　　___水相逢

缘___求鱼　　　　青___竹马

13 成语之最

仿照例子在括号里写出合适的成语。

例：最浪费的行为（一掷千金）

最大的手（　　　　　） 最高的人（　　　　　）

最长的日子（　　　　　） 最难做的饭（　　　　　）

最快的阅读（　　　　　） 最吝啬的人（　　　　　）

最便宜的东西（　　　　） 落差最大的瀑布（　　　　）

14 数字猜成语

1，2，5，6，7，8，9	9寸+1寸=1尺
＿＿＿＿＿＿＿＿	＿＿＿＿＿＿＿＿
33333，55555	1=365
＿＿＿＿＿＿＿＿	＿＿＿＿＿＿＿＿
5，10	1，2，3，4，5，6，9
＿＿＿＿＿＿＿＿	＿＿＿＿＿＿＿＿
$\dfrac{7}{8}$	$\dfrac{1}{100}$
＿＿＿＿＿＿＿＿	＿＿＿＿＿＿＿＿

15 图片猜成语

披 戴

16 多字成语

把下列多字成语补充完整。

无 ◯ 不成书　　◯ 父无犬子

快刀斩乱 ◯　　不 ◯ 不相识

名师出 ◯ 徒　　◯ 倒猢狲散

一寸光阴一寸 ◯　　此地无 ◯ 三百两

初生牛犊不怕 ◯　　多行不义必 ◯ 毙

身在 ◯ 营心在汉　　解铃还须 ◯ 铃人

17 成语接龙（一）

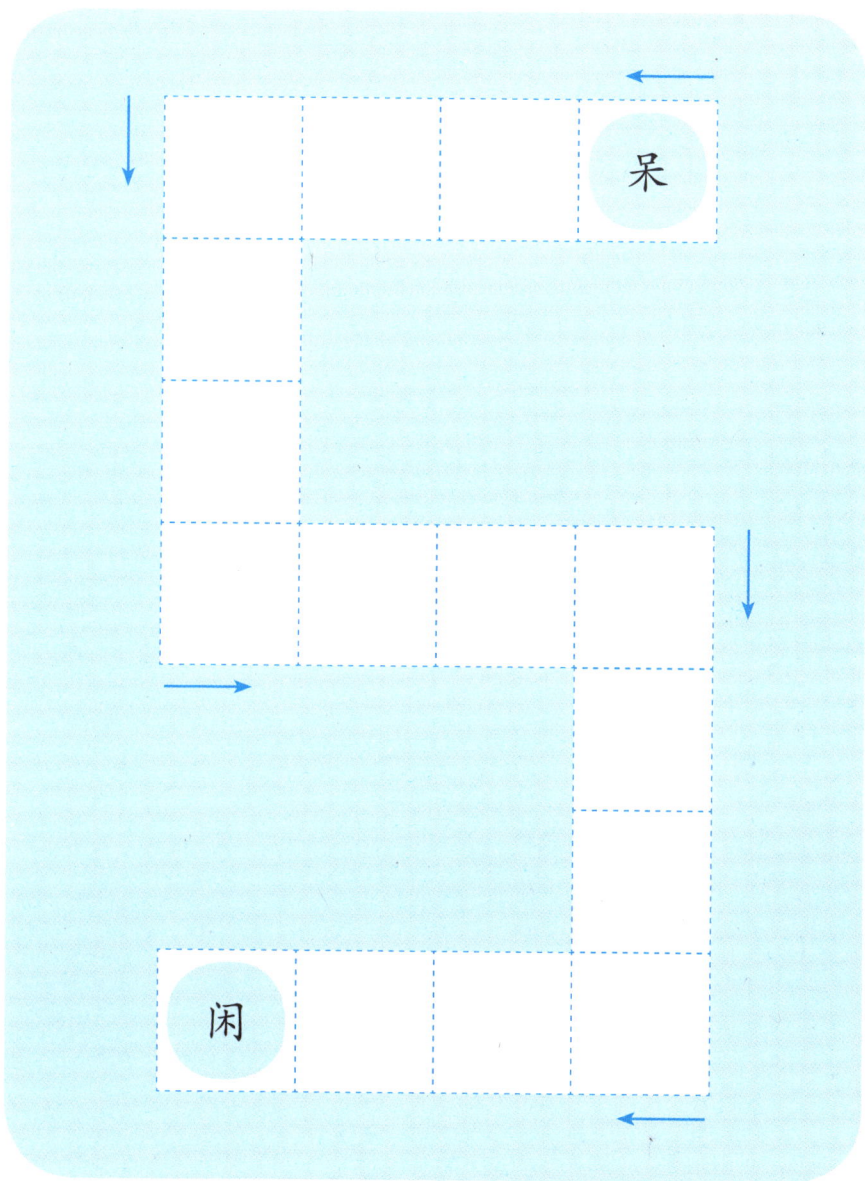

呆

闲

18 成语接龙（二）

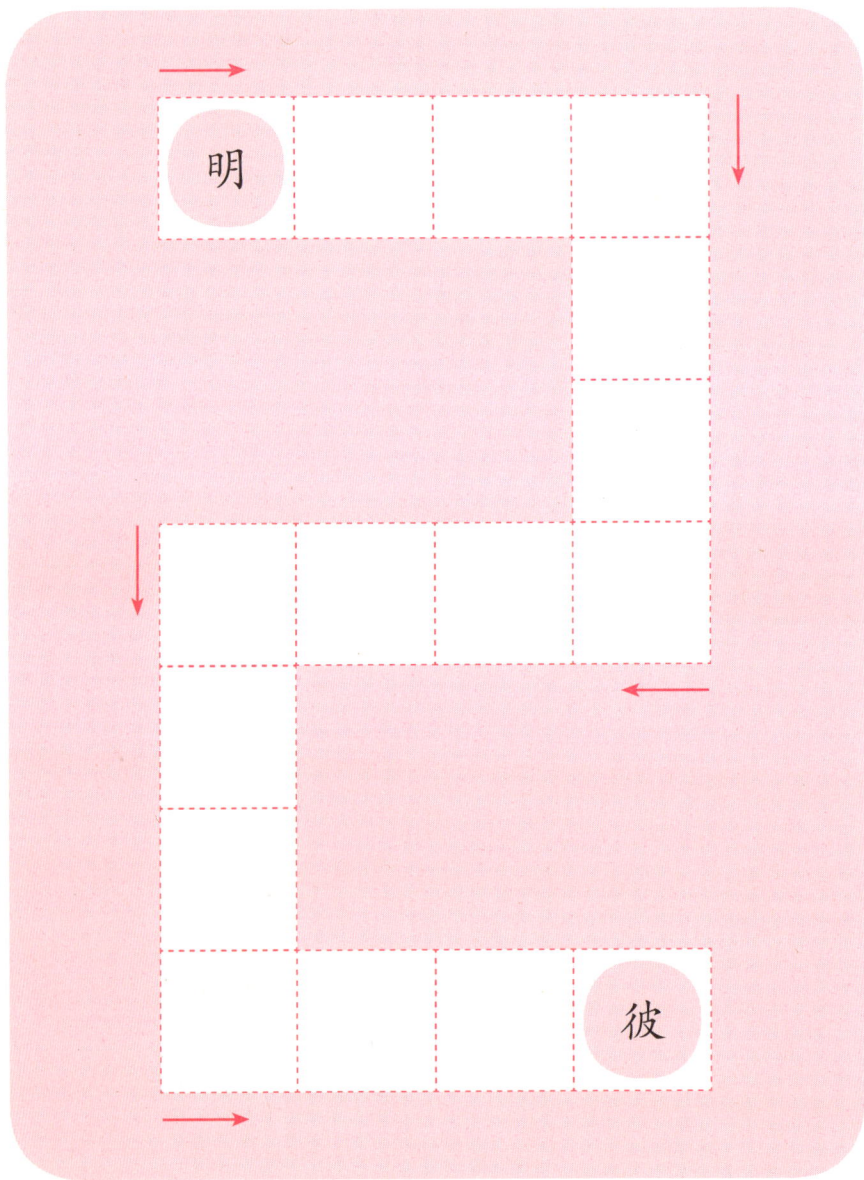

第三章

诗歌篇

1 补写诗句

在括号里填上正确的字，把下列诗句补充完整。

随风潜入夜，（　　）物细无声。

柴门闻犬（　　），风雪夜归人。

烽火连三月，家书（　　）万金。

孤舟（　　）笠翁，独钓寒江雪。

远上寒山石径（　　），白云生处有人家。

千里（　　）啼绿映红，水村山郭酒旗风。

人间四月芳菲尽，山寺（　　）花始盛开。

但使龙城飞将在，不教胡马度（　　）山。

2 关于四季的诗句（春）

把下列关于春季的诗句补充完整。

阳春（　　）德泽，万物生光辉。

不知细叶谁（　　）出，二月春风似剪刀。

天街小雨润如（　　），草色遥看近却无。

竹外桃花三两枝，春江水暖（　　）先知。

3 关于四季的诗句（夏）

把下列关于夏季的诗句补充完整。

黄梅时节家家雨，青草池塘处处（　　）。

毕竟西湖（　　）月中，风光不与四时同。

童孙未解供耕织，也傍桑阴学种（　　）。

梅子金黄（　　）子肥，麦花雪白菜花稀。

4 关于四季的诗句（秋）

把下列关于秋季的诗句补充完整。

空山新雨后，天气（　　）来秋。

常恐秋节至，（　　）黄华叶衰。

湖光秋月两相（　　），潭面无风镜未磨。

银烛秋光冷画屏，轻罗小扇扑流（　　）。

5 关于四季的诗句（冬）

把下列关于冬季的诗句补充完整。

遥知不是雪，为有（　　）香来。

草枯鹰眼疾，雪尽马蹄（　　）。

云横秦岭家何在？雪拥蓝关（　　）不前。

千里黄云白日（　　），北风吹雁雪纷纷。

6 含数字的诗句

把下列含有数字的诗句补充完整。

故人西辞黄鹤楼，烟花（　　　）月下扬州。

山重水复疑无路，柳暗花明又（　　　）村。

飞流直下（　　　）尺，疑是银河落（　　　）天。

南朝（　　　）寺，多少楼台烟雨中。

7 含月份的诗句

把下列含有月份的诗句补充完整。

田家少闲月，（　　　）人倍忙。

（　　　）秋高风怒号，卷我屋上三重茅。

停车坐爱枫林晚，霜叶红于（　　　）花。

可怜（　　　）初三夜，露似珍珠月似弓。

8 含植物的诗句

把下列含有植物的诗句补充完整。

羌笛何须怨＿＿＿＿＿，春风不度玉门关。

西塞山前白鹭飞，＿＿＿＿＿流水鳜鱼肥。

更无＿＿＿＿＿因风起，惟有＿＿＿＿＿向日倾。

此夜曲中闻折＿＿＿＿＿，何人不起故园情？

9 含动物的诗句

把下列含有动物的诗句补充完整。

独怜幽草涧边生，上有＿＿＿＿＿深树鸣。

杨花落尽＿＿＿＿＿啼，闻道龙标过五溪。

＿＿＿＿＿一去不复返，白云千载空悠悠。

莫笑农家腊酒浑，丰年留客足＿＿＿＿＿。

10 含地名的诗句

把下列含有地名的诗句补充完整。

借问酒家何处有，牧童遥指＿＿＿＿＿。

＿＿＿＿＿朝雨浥轻尘，客舍青青柳色新。

＿＿＿＿＿亲友如相问，一片冰心在玉壶。

＿＿＿＿＿一水间，＿＿＿＿＿只隔数重山。

11 含叠词的诗句

把下列含有叠词的诗句补充完整。

又送王孙去，＿＿＿＿＿满别情。

念天地之＿＿＿＿＿，独怆然而涕下。

挥手自兹去，＿＿＿＿＿班马鸣。

故园东望路＿＿＿＿＿，双袖龙钟泪不干。

12 含方位词的诗句

把下列含有方位词的诗句补充完整。

月明星稀，乌鹊＿＿＿＿飞。

天门＿＿＿＿断楚江开，碧水＿＿＿＿流至此回。

王师＿＿＿＿定中原日，家祭无忘告乃翁。

＿＿＿＿边日出＿＿＿＿边雨，道是无情却有情。

13 关于节日的诗句

写出下列诗句描写的节日。

今夜月明人尽望，不知秋思落谁家。＿＿＿＿

爆竹声中一岁除，春风送暖入屠苏。＿＿＿＿

借问酒家何处有，牧童遥指杏花村。＿＿＿＿

遥知兄弟登高处，遍插茱萸少一人。＿＿＿＿

日暮汉宫传蜡烛，轻烟散入五侯家。＿＿＿＿

14 古诗之最

仿照例子，在右边写出最合适的诗句。

例：最忧愁的人 <u>抽刀断水水更流，举杯消愁愁更愁。</u>

- 最贵的信 _____
- 最快的船 _____
- 最深的情 _____
- 最高的楼 _____

15 诗句中的季节

写出下列诗句描写的季节。

- 夜来南风起，小麦覆陇黄。 _____
- 终南阴岭秀，积雪浮云端。 _____
- 乱花渐欲迷人眼，浅草才能没马蹄。 _____
- 荷叶罗裙一色裁，芙蓉向脸两边开。 _____
- 月落乌啼霜满天，江枫渔火对愁眠。 _____
- 沾衣欲湿杏花雨，吹面不寒杨柳风。 _____
- 燕山雪花大如席，片片吹落轩辕台。 _____

16 诗句中的人名

把下列含有人名的诗句补充完整。

_____家花满蹊，千朵万朵压枝低。

桃花潭水深千尺，不及_____送我情。

_____，_____，将进酒，杯莫停。

至今思_____，不肯过江东。

17 诗句中的颜色

把下列含有颜色的诗句补充完整。

春风又_____江南岸，明月何时照我还。

疏影横斜水清浅，暗香浮动月_____昏。

两岸_____山相对出，孤帆一片日边来。

晓看_____湿处，花重锦官城。

日照香炉生_____烟，遥看瀑布挂前川。

第四章

谚语俗语篇

1 学习类谚语

把下列谚语补充完整。

- 活到老，_____。

- _____，其义自见。

- 拳不离手，_____。

- 学问学问，_____。

- 三人行，_____。

- 好记性不如_____。

- 读书破万卷，_____。

- 世上无难事，_____。

- _____，不成器；人不学，_____。

- 学如_____，不进则退。

- _____，外行看热闹。

- 台上三分钟，_____。

- 三百六十行，_____。

2 时间类谚语

把下列谚语补充完整。

- 不怕慢，_____。

- _____，时不再来。

- _____是最宝贵的财富。

- 花有重开日，_____。

- _____，读书趁年轻。

- 黑发不知勤学早，_____。

- 花儿凋谢不再开，_____。

- 今朝有事今朝做，_____。

- _____，寸金难买寸光阴。

- 一年之计在于春，_____。

3 勤劳类谚语

把下列谚语补充完整。

- _____，一生离不了。

- 一分耕耘，_____。

- _____，吃穿不愁。

- _____，俭是聚宝盆。

- 鸟美在羽毛，_____。

- _____，一懒生百病。

4 习惯类谚语

把下列谚语补充完整。

- 饭后百步走，_____。

- _____，夏练三伏。

- 春不减衣，_____。

- _____，寝不语。

5 交友类谚语

把下列谚语补充完整。

- 远亲不如_____。

- 有福同享，_____。

- _____，近墨者黑。

- _____，浇花浇根。

- 岁寒知松柏，_____。

- _____，两眼泪汪汪。

- 在家靠父母，_____。

- 路遥知马力，_____。

- _____，话不投机半句多。

- 有缘千里来相会，_____。

6 励志类谚语

把下列谚语补充完整。

- 海阔凭鱼跃，_____。

- _____，梅花香自苦寒来。

- _____，方为人上人。

- 百闻不如一见，_____。

- _____，无志空活百岁。

7 修养类谚语

把下列谚语补充完整。

- 将军额上能跑马，_____。

- 好话一句三冬暖，_____。

- 君子一言，_____。

- _____，当涌泉相报。

- 静坐常思己过，_____。

8 哲理类谚语

把下列谚语补充完整。

- 人在屋檐下，＿＿＿＿＿＿＿＿。

- 病来如山倒，＿＿＿＿＿＿＿＿。

- ＿＿＿＿＿＿＿＿，真人不说假话。

- 强扭的瓜＿＿＿＿＿。

- 常在河边走，＿＿＿＿＿＿＿＿。

- ＿＿＿＿＿＿＿＿，不怕鬼敲门。

- 三个臭皮匠，＿＿＿＿＿＿＿＿。

- 人心齐，＿＿＿＿＿＿＿。

- 舍不得孩子，＿＿＿＿＿＿＿＿。

- 当家才知柴米贵，＿＿＿＿＿＿＿。

- 山中无老虎，＿＿＿＿＿＿＿。

- 树挪死，＿＿＿＿＿＿＿。

- ＿＿＿＿＿＿＿＿，水往低处流。

9 三字俗语（一）

根据下面的描述，写出相应的三字俗语。

- （　　　　　）比喻足智多谋的人。

- （　　　　　）比喻救苦救难的善人。

- （　　　　　）比喻在当地仗势欺人、为非作歹的人。

- （　　　　　）比喻立场不稳，见风使舵的人。

- （　　　　　）比喻在团体中起主导作用的人。

- （　　　　　）指接待宾客的当地主人。

- （　　　　　）比喻外强中干的人。

- （　　　　　）比喻笑面相迎而内心凶狠的人。

- （　　　　　）比喻勤勤恳恳、任劳任怨的人。

- （　　　　　）比喻专门谄媚奉承、吹捧别人的人。

- （　　　　　）比喻吝啬钱财、一毛不拔的人。

- （　　　　　）比喻喜欢在夜间工作的人。

10 三字俗语（二）

根据下面的描述，写出相应的三字俗语。

- （　　　　　）比喻事情第一次出现。

- （　　　　　）从竞争对手那里弄走人才或抢走生意。

- （　　　　　）比喻解雇、开除、撤职。

- （　　　　　）比喻把各种不同事物胡乱拼凑在一起。

- （　　　　　）比喻白白投入而没有收获。

- （　　　　　）比喻事物在原来的基础上数量越来越多，规模越来越大。

- （　　　　　）泛指为某项事业付出金钱或其他代价。

- （　　　　　）原来比喻平时没有联系，临时慌忙恳求；后来多指平时没有准备，临时慌忙应付。

- （　　　　　）指全凭主观决策、出主意。

- （　　　　　）提出相反的主张，采取相反的行动。

- （　　　　　）用好吃的东西引起人的食欲，也比喻让人产生某种欲望或兴趣。

11 五字俗语

根据平时的积累，把下列五字俗语补充完整。

八九_____

_____隔肚皮

_____多忘事

鲤鱼_____

小巫_____

_____为强

久旱_____

_____武艺

一锤子_____

_____拉破车

物以稀_____

一碗水_____

_____地不熟

换汤_____

无巧_____

天高_____

_____不起浪

_____送鹅毛

一亩_____

依葫芦_____

空手_____

_____不相识

12 六字俗语

根据平时的积累，把下列六字俗语补充完整。

过五关＿＿＿＿＿＿＿＿

井水＿＿＿＿＿＿＿＿＿

＿＿＿＿＿＿＿＿不可辱

＿＿＿＿＿＿＿＿吹灰之力

＿＿＿＿＿＿＿＿不在年高

＿＿＿＿＿＿＿＿鬼不觉

＿＿＿＿＿＿＿＿二不休

挂羊头＿＿＿＿＿＿＿

前怕狼＿＿＿＿＿＿＿

＿＿＿＿＿＿＿＿低不就

＿＿＿＿＿＿＿＿所见略同

＿＿＿＿＿＿＿＿打不着

＿＿＿＿＿＿＿＿头上动土

五十步＿＿＿＿＿＿＿

＿＿＿＿＿＿＿＿不对马嘴

有眼不识＿＿＿＿＿＿

求人不如＿＿＿＿＿＿

吉人自有＿＿＿＿＿＿

＿＿＿＿＿＿＿＿而言他

无所不用＿＿＿＿＿＿

鸡蛋里＿＿＿＿＿＿＿

恭敬不如＿＿＿＿＿＿

13 七字俗语

根据平时的积累，把下列七字俗语补充完整。

_____二十一

_____说亮话

哪壶不开_____

书到用时_____

初生牛犊_____

_____推前浪

_____看佛面

拔出萝卜_____

_____一个坑

_____蛇吞象

_____非好汉

眉毛胡子_____

老虎屁股_____

_____不知福

_____一人当

多行不义_____

东方不亮_____

得饶人处_____

一个巴掌_____

一朝天子_____

饱汉不知_____

_____拧不过大腿

第五章

谜语歇后语篇

1 《三国演义》人名谜语

根据平时的积累，写出相应的谜底。

天不绝曹。　　　　　谜底（　　　　）

四面屯粮。　　　　　谜底（　　　　）

逐渐繁荣。　　　　　谜底（　　　　）

汉朝文书。　　　　　谜底（　　　　）

六度谦让。　　　　　谜底（　　　　）

时已立秋。　　　　　谜底（　　　　）

凿壁偷光。　　　　　谜底（　　　　）

鸟宿林间不再飞。　　谜底（　　　　）

八骏日行三万里。　　谜底（　　　　）

登泰山而小天下。　　谜底（　　　　）

2 《水浒传》人名谜语

根据平时的积累，写出相应的谜底。

济人急难。　　　　　　　　　谜底（　　　　　）

六度让贤。　　　　　　　　　谜底（　　　　　）

元前明后。　　　　　　　　　谜底（　　　　　）

渐渐安定。　　　　　　　　　谜底（　　　　　）

众芳竞艳。　　　　　　　　　谜底（　　　　　）

岩纹美丽。　　　　　　　　　谜底（　　　　　）

红色为上。　　　　　　　　　谜底（　　　　　）

不甘落后。　　　　　　　　　谜底（　　　　　）

给爷爷让座。　　　　　　　　谜底（　　　　　）

一路无事故。　　　　　　　　谜底（　　　　　）

3 《西游记》人名谜语

根据平时的积累，写出相应的谜底。

醒后得知一场梦。   谜底（   ）

我有心得。   谜底（   ）

赤子。   谜底（   ）

陈桥兵变令人疑。   谜底（   ）

4 《红楼梦》人名谜语

根据平时的积累，写出相应的谜底。

衔泥筑新居。   谜底（   ）

花香扑鼻。   谜底（   ）

寒从夜半起。   谜底（   ）

草色遥看近却无。   谜底（   ）

5 中国地名谜语

根据平时的积累，写出相应的谜底。

日近黄昏。　　　　　　　　谜底（　　　　　）

胖子开会。　　　　　　　　谜底（　　　　　）

一路平安。　　　　　　　　谜底（　　　　　）

四季花开。　　　　　　　　谜底（　　　　　）

金银铜铁。　　　　　　　　谜底（　　　　　）

夸夸其谈。　　　　　　　　谜底（　　　　　）

雪盖冰河。　　　　　　　　谜底（　　　　　）

双喜临门。　　　　　　　　谜底（　　　　　）

打开信件。　　　　　　　　谜底（　　　　　）

千里戈壁。　　　　　　　　谜底（　　　　　）

航母出行。　　　　　　　　谜底（　　　　　）

大家都笑你。　　　　　　　谜底（　　　　　）

6 含数字的歇后语

根据平时的积累，把歇后语补充完整。

千里送鹅毛——_____

十个铜钱少一个——_____

_____——各显神通

丈二和尚——_____

扁担挑水——一心挂了_____

菜刀切豆腐——_____

_____——走为上计

铁打的公鸡——_____

擀面杖吹火——_____

半夜三更放大炮——_____

7 含动物的歇后语

根据平时的积累，把歇后语补充完整。

高射炮打蚊子——＿＿＿＿＿＿＿＿＿＿

骑驴看唱本——＿＿＿＿＿＿＿＿＿＿

＿＿＿＿＿＿＿＿＿＿——假慈悲

＿＿＿＿＿＿＿＿＿＿——人人喊打

老虎屁股——＿＿＿＿＿＿＿＿＿＿

＿＿＿＿＿＿＿＿＿＿——不识好人心

猪鼻子插大葱——＿＿＿＿＿＿＿＿＿＿

肉包子打狗——＿＿＿＿＿＿＿＿＿＿

黄鼠狼给鸡拜年——＿＿＿＿＿＿＿＿＿＿

＿＿＿＿＿＿＿＿＿＿——多管闲事

鸡蛋碰石头 ——＿＿＿＿＿＿＿＿＿＿

8 含植物的歇后语

根据平时的积累，把歇后语补充完整。

芝麻开花——_____

水仙不开花——_____

_____——一清二白

_____——有苦说不出

竹筒_____——全抖出来

麦秆_____——小气

二两棉花——_____

_____——自卖自夸

针尖对_____——谁也不让谁

墙上茅草——风吹_____

早开的红梅——一枝_____

9 谐音类歇后语

根据平时的积累，把歇后语补充完整。

外甥打灯笼——_____

嘴上抹石灰——_____

_____搬家——尽是输（书）

八十岁的老太打哈欠——_____

四月的冰河——_____

响鼓不用_____—— 一点就明（鸣）

咸菜煮豆腐——_____

十月的萝卜——_____

一个墨斗弹出两样线——_____

大公鸡闹嗓子——_____

夫子的徒弟——_____

10 比喻类歇后语

根据平时的积累，把歇后语补充完整。

_____——一家人不认得一家人

泥菩萨过江 ——_____

秃子头上的_____——明摆着

秋后的_____——蹦跶不了几天

聋人的_____——摆设

茶壶里煮_____——有货倒不出

粪坑里的石头——_____

砌墙的砖头——_____

竹篮子打水 ——_____

癞蛤蟆打哈欠——_____

老鼠钻进风箱里——_____

棋盘上的卒子——_____

11 《三国演义》歇后语

根据平时的积累，把歇后语补充完整。

刘备借荆州——＿＿＿＿＿＿＿＿＿

＿＿＿＿＿＿＿＿＿——一言不发

司马昭之心——＿＿＿＿＿＿＿＿＿

关公面前耍大刀——＿＿＿＿＿＿＿＿＿

曹操杀＿＿＿＿＿＿＿——讳疾忌医

＿＿＿＿＿＿＿＿＿——一个愿打，一个愿挨

＿＿＿＿＿＿＿用兵——神出鬼没

张飞绣花——＿＿＿＿＿＿＿＿＿

关公赴会——＿＿＿＿＿＿＿＿＿

关云长走麦城——＿＿＿＿＿＿＿＿

关公降曹操——＿＿＿＿＿＿＿

＿＿＿＿＿＿＿＿＿——收买人心

12 《水浒传》歇后语

根据平时的积累，把歇后语补充完整。

_____上山——官逼民反

梁山兄弟——不打_____

鲁提辖拳打_____——抱打不平

李逵骂_____——过后赔不是

孙二娘开店——_____

石迁偷鸡——_____

林冲到了_____——绝处逢生

_____上墙头——上不来下不去

梁山的_____—— 无用（吴用）

林冲误闯_____—— 单刀直入

_____卖刀 —— 英雄末路

13 《西游记》歇后语

根据平时的积累，把歇后语补充完整。

猪八戒照镜子——_____

_____手上翻筋斗——逃不出手掌心

白骨精见了_____——现了原形

猪八戒吃_____——全不知滋味

孙猴子上_____——大闹一场

孙猴子守桃园——_____

唐三藏取经——好事_____

唐僧念_____——就此一招

猪八戒败阵——倒打_____

孙悟空赴_____——不请自到

猪八戒的脊梁——_____

14 《红楼梦》歇后语

根据平时的积累，把歇后语补充完整。

贾宝玉的丫鬟——_____

王熙凤害死_____——心狠手毒

_____进大观园——眼花缭乱

刘姥姥出大观园——_____

_____看林妹妹——一见如故

_____的身子——弱不禁风

油瓶倒了都不扶——_____

千里搭长棚——没有个不散的_____

_____出家——看破红尘

第 六 章

文化常识篇

1 中国第一部

根据下面的描述，写出这些著作的名称。

中国第一部诗歌总集 ——

中国第一部神话集 ——

中国第一部中医学典籍 ——

中国第一部字典 ——

中国第一部词典 ——

中国第一部纪传体通史 ——

中国第一部断代体史书 ——

中国第一部编年体史书 ——

中国第一部语录体著作 ——

中国第一部兵书 ——

中国第一部大百科全书 ——

中国第一部科普作品 ——

中国第一部水文地理专著 ——

2 中国文学之最

根据下面的描述，写出这些人物的名字。

最早的爱国诗人 ——

最早的田园诗人 ——

古代最伟大的浪漫主义诗人 ——

古代最伟大的现实主义诗人 ——

古代写诗最多的爱国诗人 ——

古代最杰出的两位边塞诗人 ——

古代最杰出的豪放派词人 ——

古代最杰出的女词人 ——

古代最著名的爱国词人 ——

现代最伟大的文学家 ——

3 战国四公子

根据提示，填写人物的名字。

齐国	——	
赵国	——	
楚国	——	
魏国	——	

4 初唐四杰

根据提示，填写人物的名字。

《送杜少府之任蜀州》	——	
《从军行》	——	
《长安古意》	——	
《咏鹅》	——	

5 北宋文坛四大家

根据提示，填写人物的名字。

《泊船瓜洲》 ——

《醉翁亭记》 ——

《饮湖上初晴后雨》 ——

《题竹石牧牛》 ——

6 元曲四大家

根据提示，填写人物的名字。

《窦娥冤》 ——

《唐明皇秋夜梧桐雨》 ——

《天净沙·秋思》 ——

《倩女离魂》 ——

7 四大美女

根据提示，填写人物的名字。

沉鱼	——	
落雁	——	
闭月	——	
羞花	——	

8 四大发明

根据提示，填写四大发明的名称。

东汉蔡伦	——	
北宋毕昇	——	
道家炼丹术	——	
司南	——	

9 四大民间传说

根据提示，填写民间传说的名称。

鹊桥相会	——	
哭倒长城	——	
化蝶	——	
雷峰塔	——	

10 四大名著

根据提示，填写名著的书名。

罗贯中	——	
施耐庵	——	
吴承恩	——	
曹雪芹	——	

11 四大名剧

根据提示，填写名剧的名称。

王实甫 —— [   ]

汤显祖 —— [   ]

洪昇 —— [   ]

孔尚任 —— [   ]

12 四大名楼

根据提示，填写名楼的名字。

山西永济 —— [   ]

江西南昌 —— [   ]

湖北武汉 —— [   ]

湖南岳阳 —— [   ]

13 四大书院

根据提示，填写书院的名称。

河南商丘	——	
湖南长沙	——	
江西九江	——	
河南郑州	——	

14 四大石窟

根据提示，填写石窟的名称。

甘肃敦煌	——	
河南洛阳	——	
山西大同	——	
甘肃天水	——	

15 四大佛教名山

根据提示，填写名山的名称。

山西	——	
四川	——	
浙江	——	
安徽	——	

16 四大道教名山

根据提示，填写名山的名称。

湖北	——	
四川	——	
江西	——	
安徽	——	

17 四大灵兽

根据提示，填写灵兽的名称。

东方 ——

西方 ——

南方 ——

北方 ——

18 文房四宝

根据提示，填写文房四宝的名称。

写字的工具 ——

写字的颜料 ——

文字的载体 ——

盛放颜料的器具 ——

19 文人四友

根据提示，填写文人四友的名称。

乐器	——	
博弈	——	
汉字	——	
丹青	——	

20 国画四君子

根据提示，填写国画四君子的名称。

陆游	——	
屈原	——	
郑板桥	——	
陶渊明	——	

21 古籍四大类别

根据提示，填写古籍四大类别的名称。

《诗经》 ——

《史记》 ——

《庄子》 ——

《楚辞》 ——

22 兄弟四排行

根据提示，填写兄弟四排行的名称。

老大 ——

老二 ——

老三 ——

老四 ——

23 四书五经

根据提示，填写四书五经的书名。

四书

[ ] ：孔子及其弟子的语录集。

[ ] ：孟子及其弟子的语录集。

[ ] ：《礼记》中的一篇，相传为曾子所作。

[ ] ：《礼记》中的一篇，相传为子思所作。

五经

[ ] ：我国第一部诗歌总集。

[ ] ：我国最早的一部历史文献汇编。

[ ] ：据传为孔子的七十二名弟子及其学生们所作，西汉礼学家戴圣所编。

[ ] ：相传系周文王姬昌所作，内容包括《经》和《传》两个部分。

[ ] ：孔子根据鲁国史官所著史料整理修订而成。

24 古代学派

根据提示，写出对应的学派。

孔子、孟子 ——

商鞅、韩非子 ——

老子、庄子 ——

墨子 ——

25 古代敬称

根据提示，写出对应的称谓。

尊称对方的父亲 ——

尊称对方的母亲 ——

尊称对方的儿子 ——

尊称对方的女儿 ——

26 古代交友称谓

根据描述，把内容补充完整。

___ 之交：	贫贱而地位低下的时候结交的朋友。
___ 之交：	情谊契合，亲如兄弟的朋友。
___ 之交：	同生死，共患难的朋友。
___ 之交：	辈分不同，年龄相差较大的朋友。
___ 之交：	从小一块长大的异性朋友。
___ 之交：	以平民身份相交往的朋友。
___ 之交：	在遇到磨难时结成的朋友。
___ 之交：	像管仲和鲍叔牙那样彼此信任的朋友。

27 古代年龄代称（一）

根据描述，写出对应的代称。

	：不束发，头发自然下垂，代指三四岁至七八岁的儿童。
	：头发梳成两个结，代指八九岁至十三四岁的儿童。
	：古代男子十五岁时束发为髻，因此后来就以此代指成童的年龄。
	：古代女子十五岁结发，头上插笄（簪子），因此用来代指女子满十五岁。

28 古代年龄代称（二）

根据给出的年龄，写出对应的代称。

二十岁 —— □　　六十岁 —— □

三十岁 —— □　　七十岁 —— □

四十岁 —— □　　八九十岁 —— □

五十岁 —— □　　一百岁 —— □

29 五类填空

根据提示，填写内容。

五味 : ☐ ☐ ☐ ☐ ☐

五行 : ☐ ☐ ☐ ☐ ☐

五金 : ☐ ☐ ☐ ☐ ☐

五音 : ☐ ☐ ☐ ☐ ☐

五脏 : ☐ ☐ ☐ ☐ ☐

30 古代六艺

根据提示，填写六艺的名称。

礼仪 —— ☐   驾驶 —— ☐

音乐 —— ☐   书画 —— ☐

射箭 —— ☐   数学 —— ☐

31 著名古都

根据提示，填写古都的现代地名。

_____ : 古称长安、镐京，西周、西汉、唐曾在此定都。

_____ : 古称洛邑、雒阳、神都，东周、东汉、西晋、北魏曾在此定都。

_____ : 古称蓟城、燕京、大都、京师，元、明、清曾在此定都。

_____ : 古称石头城、建业、建康，吴、东晋、陈曾在此定都。

_____ : 古称大梁、汴梁、东京、汴京，北宋曾在此定都。

_____ : 古称余杭、钱塘、临安，南宋曾在此定都。

_____ : 古称殷、邺，商、北齐曾在此定都。

_____ : 古称商都，郑、韩曾在此定都。

32 诗人称号

根据称号，写出诗人的名字。

诗仙 —— ⬚　　　诗奴 —— ⬚

诗圣 —— ⬚　　　诗狂 —— ⬚

诗佛 —— ⬚　　　诗囚 —— ⬚

诗魔 —— ⬚　　　诗骨 —— ⬚

诗豪 —— ⬚

33 文人雅号

根据称号，写出文人的名字。

青莲居士 —— ⬚　　　稼轩居士 —— ⬚

香山居士 —— ⬚　　　易安居士 —— ⬚

半山居士 —— ⬚　　　板桥居士 —— ⬚

六一居士 —— ⬚　　　随园居士 —— ⬚

东坡居士 —— ⬚

34 《三国演义》人物

根据提示，写出对应人物的名字。

水淹七军	——
草船借箭	——
义释严颜	——
长坂坡单骑救主	——
苦肉计	——
髀肉复生	——
割发代首	——
火烧赤壁	——
白衣渡江	——
火烧连营	——
失街亭	——

35 《水浒传》人物

根据提示，写出对应人物的名字。

及时雨	—	
智多星	—	
豹子头	—	
霹雳火	—	
花和尚	—	
黑旋风	—	
小李广	—	
行者	—	
神行太保	—	
九纹龙	—	
矮脚虎	—	
鼓上蚤	—	

36 《西游记》人物

根据提示，写出对应人物的名字。

☐ ：桀骜不驯，勇敢机智，神通广大，疾恶如仇。

☐ ：诚实善良，一心向佛，胆小怕事，鉴别能力差。

☐ ：好吃懒做，见识短浅，知错就改，淳朴憨厚。

☐ ：正直无私，任劳任怨，憨厚老实，没有主见。

37 《红楼梦》人物

根据提示，写出对应人物的名字。

☐ ：玉带林中挂。

☐ ：二十年来辨是非，榴花开处照宫闱。

☐ ：可怜绣户侯门女，独卧青灯古佛旁。

☐ ：金簪雪里埋。

☐ ：霁月难逢，彩云易散。

38 名与字

根据提示，写出对应人物的表字。

孔丘	—	
曹操	—	
诸葛亮	—	
关羽	—	
赵云	—	
周瑜	—	
李白	—	
杜甫	—	
韩愈	—	
柳宗元	—	
欧阳修	—	
苏轼	—	
岳飞	—	

39 皇帝名字

根据提示，写出对应皇帝的名字。

秦始皇	——	
汉高祖	——	
汉武帝	——	
隋文帝	——	
唐太宗	——	
唐玄宗	——	
宋太祖	——	
宋徽宗	——	
明太祖	——	
明成祖	——	
清太祖	——	
清圣祖	——	

40 籍贯称谓

根据提示，写出对应人物的名字。

孟襄阳	——	
柳河东	——	
王临川	——	
康南海	——	

41 官名称谓

根据提示，写出对应人物的名字。

王右军	——	
王右丞	——	
杜工部	——	
苏学士	——	

42 三省六部

将古代中央官制名称补充完整。

三省

□□省：决策机构，负责草拟和颁发皇帝的诏令。

□□省：审议机构，负责审核政令。

□□省：行政机构，负责执行国家的重要政令。

六部

□□部：掌管全国官吏的任免、考课、升降、调动等事务。

□□部：掌管全国疆土、田地、户籍、赋税、俸饷等事务。

□□部：掌管科举、祭祀、典礼等事务。

□□部：掌管军事。

□□部：掌管刑罚、司法等事务。

□□部：掌管工程建设、屯田、水利等事务。

43 天干地支

将天干地支补充完整。

天干

[　　] 乙丙 [　　] [　　] 己庚 [　　] 壬 [　　]

地支

子 [　　] 寅 [　　] [　　] 巳午 [　　] [　　] 酉戌 [　　]

44 二十四节气

将二十四节气补充完整。

立春、[　　]、[　　]、春分、[　　]、谷雨、

[　　]、小满、[　　]、夏至、小暑、[　　]、

立秋、[　　]、[　　]、秋分、寒露[　　]、

[　　]、小雪、大雪、[　　]、小寒、大寒

45 三部曲

根据提示，写出下列三部曲的作品名称。

激流三部曲 : _____ _____ _____

爱情三部曲 : _____ _____ _____

女神三部曲 : _____ _____ _____

蚀三部曲 : _____ _____ _____

农村三部曲 : _____ _____ _____

46 现代名篇

写出下列作品的作者。

《孔乙己》 —— _____

《子夜》 —— _____

《骆驼祥子》 —— _____

《荷塘月色》 —— _____

《乡愁》 —— _____

47 世界名著

写出下列作品的作者。

《哈姆雷特》 ——

《鲁滨孙漂流记》 ——

《格列佛游记》 ——

《简·爱》 ——

《双城记》 ——

《威尼斯商人》 ——

《悲惨世界》 ——

《茶花女》 ——

《战争与和平》 ——

《堂吉诃德》 ——

《少年维特的烦恼》 ——

48 中国城市别称

根据提示，写出对应的中国城市。

山城 —— _____

泉城 —— _____

彭城 —— _____

申城 —— _____

蓉城 —— _____

羊城 —— _____

春城 —— _____

江城 —— _____

星城 —— _____

冰城 —— _____

太阳城 —— _____

英雄城 —— _____

49 世界城市别称

根据提示，写出对应的世界城市。

水城 ——

雾都 ——

狮城 ——

风城 ——

表城 ——

雨城 ——

圣城 ——

桥城 ——

音乐城 ——

电影城 ——

汽车城 ——

第七章

方格填字篇

1 成语挑战（一）

根据给出的字，把下列成语补充完整。

光
落
石

2 成语挑战（二）

根据给出的字，把下列成语补充完整。

			一
	厉		行
不			
			弦

3 成语挑战（三）

根据给出的字，把下列成语补充完整。

黄			梦
供			求
	梅	渴	

4 成语挑战（四）

根据给出的字，把下列成语补充完整。

口		窃
牙		
		重

5 成语挑战（五）

根据给出的字，把下列成语补充完整。

单		直	
	到		功
	难		

6 成语挑战（六）

根据给出的字，把下列成语补充完整。

	山		
抬			
	足		
通			意

7 成语挑战（七）

根据给出的字，把下列成语补充完整。

	张		
			不
			立
			影

8 成语挑战（八）

根据给出的字，把下列成语补充完整。

	断		行
匠			流
			通

9 成语挑战（九）

根据给出的字，把下列成语补充完整。

当		立	
			章
	公		
			容
	死		

10 诗句挑战（一）

根据给出的字，把下列诗句补充完整。

		忽		
间			酒	
		春		
破		花		

11 诗句挑战（二）

根据给出的字，把下列诗句补充完整。

晚				

晚

此

欲   花

水

12 诗句挑战（三）

根据给出的字，把下列诗句补充完整。

不				
		青		踪
处				

13 诗句挑战（四）

根据给出的字，把下列诗句补充完整。

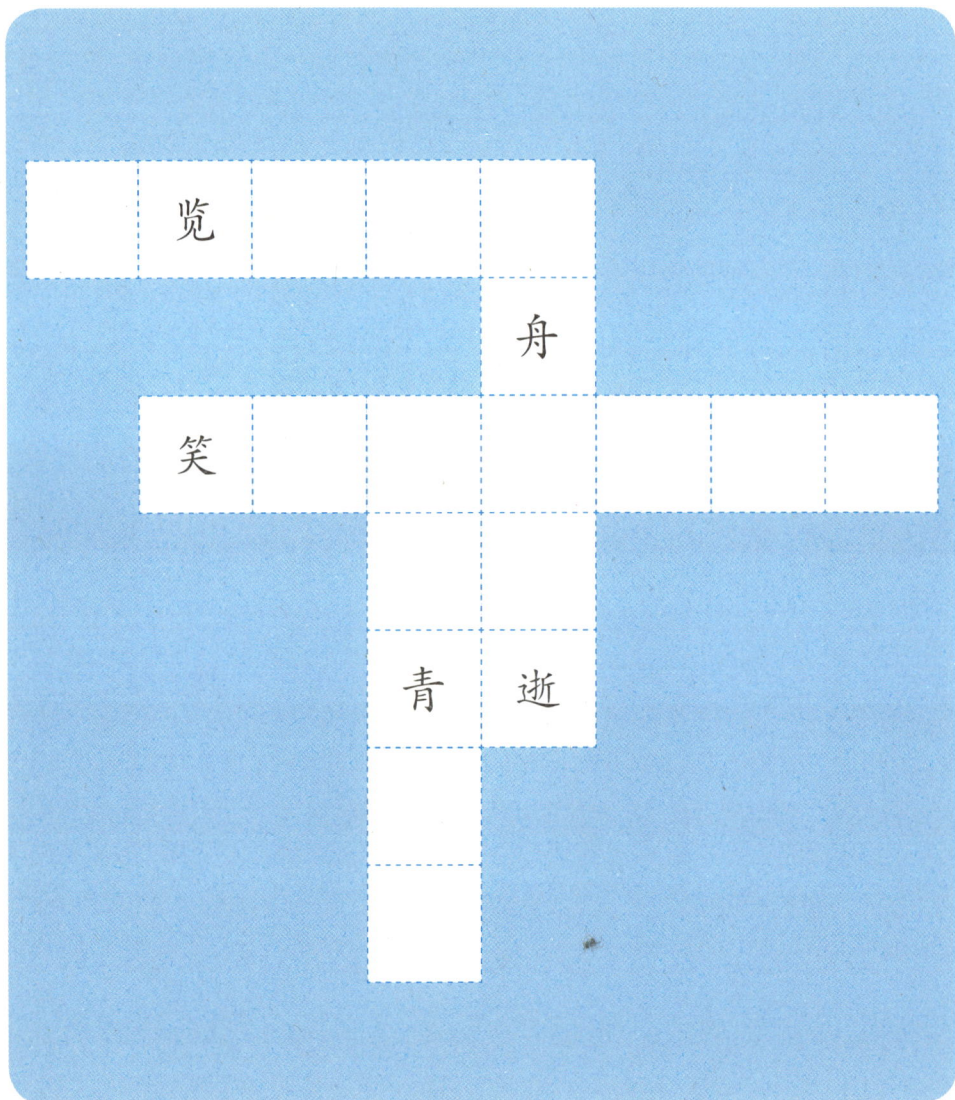

	览					
				舟		
笑						
		青	逝			

14 诗句挑战（五）

根据给出的字，把下列诗句补充完整。

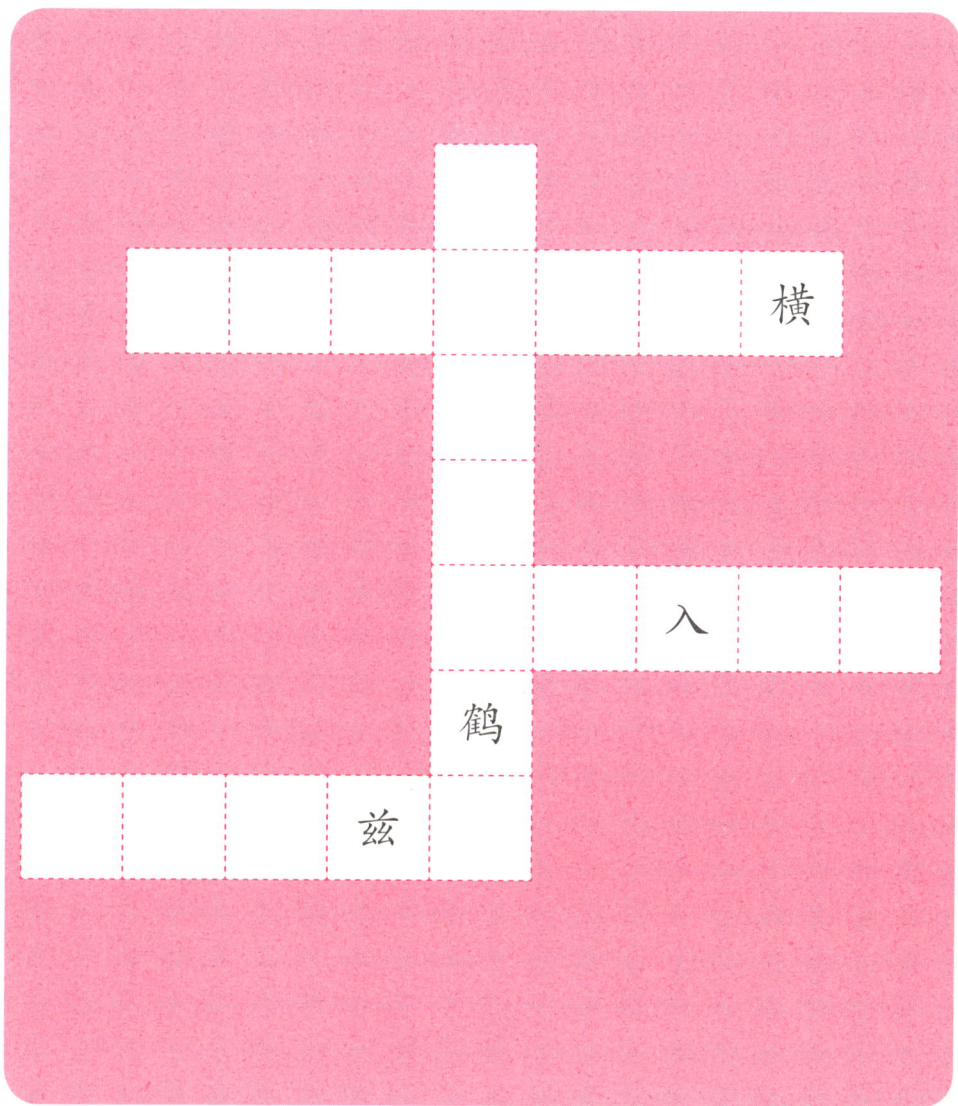

| | | | | | | 横 |
| | | | | | | |

入

鹤

兹

15 诗句挑战（六）

根据给出的字，把下列诗句补充完整。

			庭			却
		孤		仞		
	共					

16 诗句挑战（七）

根据给出的字，把下列诗句补充完整。

			力		残
		歧		病	
					筐
郎					

17 诗句挑战（八）

根据给出的字，把下列诗句补充完整。

		海				

（字格图）

海

空

戎　　　　　山

处

18 词句挑战（一）

根据给出的字，把下列词句补充完整。

		暗			袖
	悲				
				香	

19 词句挑战（二）

根据给出的字，把下列词句补充完整。

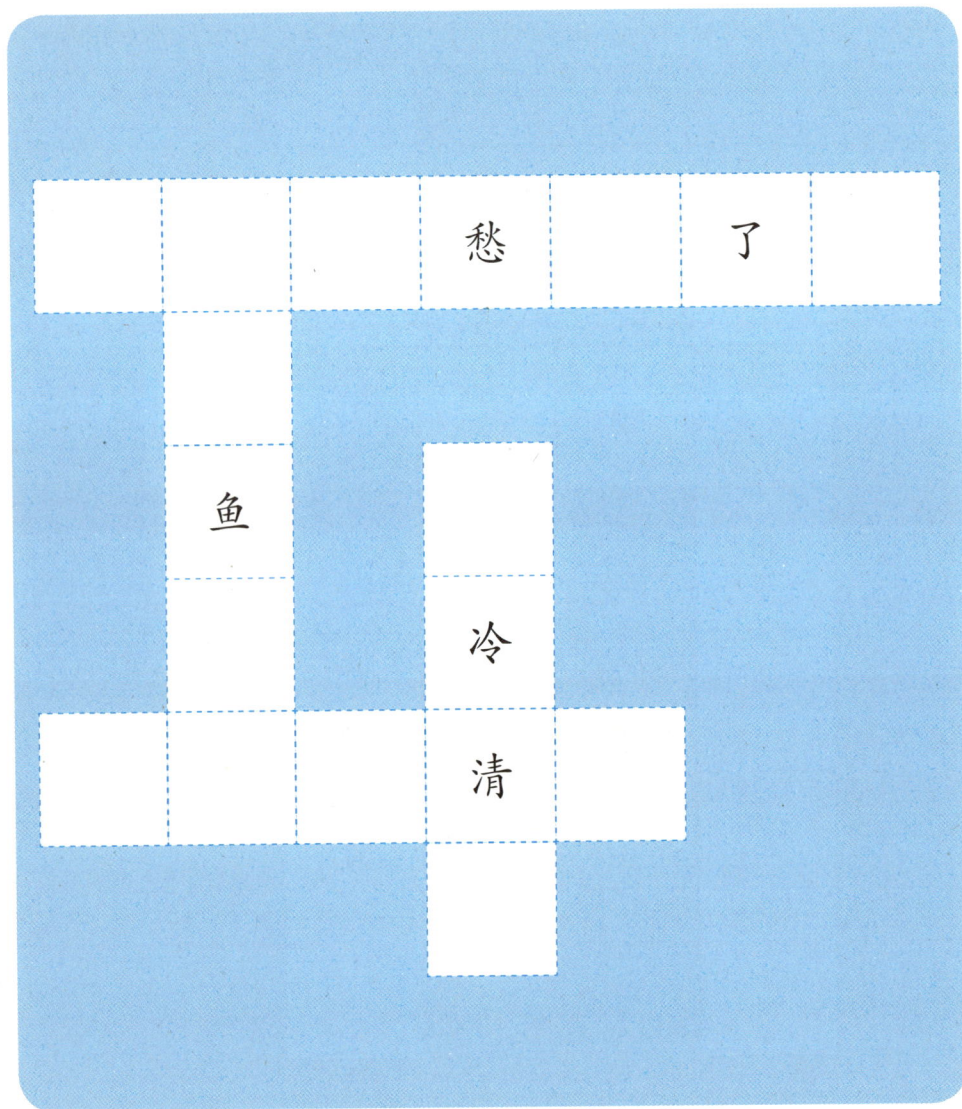

			愁		了	
	鱼					
			冷			
			清			

20 词句挑战（三）

根据给出的字，把下列词句补充完整。

	作			泪	
	在				梦
	外				

21 词句挑战（四）

根据给出的字，把下列诗句补充完整。

					大
我			风		
斜			树		

第八章

横纵填字篇

1 词语填字（一）

横向：1. 比喻有才能的人很多。

2. 比喻同在困难的处境里，用微薄的力量互相帮助。

纵向：一、不能只根据外表、相貌来判断一个人。

二、山东省会。

2 词语填字（二）

横向：1. 利用别人的弱点或借某种口实以抬高价格或索取财物。

2. 比喻为首的人垮了，依附他的人也就一哄而散（含贬义）。

3. 指年轻人有出息，可以把本事传授给他。

纵向：一、比喻把事实全部说出来，没有隐瞒。

1	一			
2				
3				

3 词语填字（三）

横向：1. 比喻年轻人思想上没有什么顾虑，敢作敢为。

2. 年轻力壮的时候不奋发图强。

纵向：一、形容自然界充满生命力或者社会生活活跃。

二、形容做事情非常容易，不用花费什么力气。

三、古代调兵用的凭证，分两半，一半存朝廷，一半给统兵将帅。调动军队时必须进行验证。

	一			二		三
1						
2						

4 诗词填字（一）

横向：1. "不知何处吹芦管"的下一句。

纵向：一、"洛阳亲友如相问"的下一句。

二、"去年今日此门中"的下一句。

三、"归雁洛阳边"的上一句。

一 1			二			三

5 诗词填字（二）

横向：1. "去年天气旧亭台"的上一句。

纵向：一、"何人不起故园情"的上一句。

　　　二、"白云千载空悠悠"的上一句。

6 诗词填字（三）

横向：1. "王孙归不归"的上一句。

2. "独怜幽草涧边生"的下一句。

3. "铁马秋风大散关"的上一句。

纵向：一、"闺中少妇不知愁"的下一句。

二、"挥手自兹去"的下一句。

7 综合填字（一）

横向：1. 将本应分期分批做完的事情在一次行动中全部完成。

2. 比喻好好地劝说却不听，用强迫的手段反而接受了。

纵向：一、形容十分恭敬。

二、"路有冻死骨"的上一句。

一 1						
						二
2						

8 综合填字（二）

横向： 1. 像喝醉了酒和在睡梦中那样糊里糊涂地生活着。

2. "临行密密缝"的下一句。

纵向： 一、形容本意不在此而在别的方面。

二、形容想回家或返回原地的心情十分急切。

9 综合填字（三）

横向：1. 比喻本想占便宜反而吃了亏。

2. 比喻表面上装扮得像个人物，而实际并不像。

纵向：一、比喻用惩罚一个人的办法来警告其他人。

二、比喻做琐碎小事，多劳而无益。也形容人吝啬或生活困窘。

	一				二
1					
2					

10 综合填字（四）

横向：1. 比喻改变了形式，并没有改变内容。

2. "马上相逢无纸笔"的下一句。

纵向：一、指一个人或一个地方没有名气或者太隐秘、太偏僻。

二、北宋著名的文学家、思想家、政治家、改革家，《泊船瓜洲》的作者。

		一			
1					
					二
2					

越玩越聪明 的 填字游戏

11 综合填字（五）

横向：1. 比喻为人清高有骨气，不为利禄所动。
2. "风雪夜归人"的上一句。

纵向：一、比喻花时间把准备工作做好，不会耽误工作的进度。
二、科举时代称考中进士。

参考答案

第一章　字词篇

1. 加一笔

此题答案不唯一。

旦　灭

大　子

本　午

土　天

2. 减一笔

此题答案不唯一。

丁　目

王　月

休　白

心　今

3. 汉字的加法

尖　呆或困

思　明

鲜　好

国　起

4. 加偏旁

此题答案不唯一。

伙　灰　炎

吧　把　爸

咬　校　较

对　射　村

5. 选字组词

妨碍　杭州

需要　毕竟

僵硬　狡辩

6. 火眼金睛

喜鹊　松弛

顷刻　光芒

川流不息　情不自禁

能屈能伸　意气用事

7. 近义字

冷　入

喊　走

闻　曲

闭　拦

8. 反义字

北　败或负

横　散

淡　亏

实　俗

9. 量词填空

一只猫　一条鱼

一头牛　一匹马

一把椅子　一张桌子

一支钢笔　一顶帽子

一场大雨　一座小桥

10. 叠词填空

此题答案不唯一。

黑乎乎　白花花

红彤彤　黄澄澄

金灿灿　绿油油

兴冲冲　冷冰冰

沉甸甸　滑溜溜

11. 形近字填空

立即　潦草　迁徙　点拨

既然　官僚　师徒　拔草

12. 组词练习

此题答案不唯一。

打开　打闹　打扫

开花　开会　开关

晴天　阴天　明天

奔跑　赛跑　逃跑

13. 古诗中的数字

四

一

万

六

14. 古诗中的颜色

红

白

碧　红

黄　青

15. 照样子，写一写

此题答案不唯一。

惧　怕　惊

讲　谈　道

乌　玄　墨

否　无　勿

取　抓　握

16. 形近字组词

矛盾　芦苇　绸缎　狼藉

给予　庐山　稠密　书籍

17. 加偏旁再组词

此题答案不唯一。

伯　大伯　细　粗细

拍　拍打　苗　禾苗

迫　急迫　思　思想

种　种子　变　变化

钟　钟声　对　对错

忠　忠诚　双　双数

字　写字　河　小河

仔　仔细　呵　呵护

好　好人　坷　坷垃

18. 巧加偏旁

此题答案不唯一。

木：宋 杰 休 杉

土：寺 肚 培

立：笠 辛 位 站

女：安 汝 如

19. 近义字组词

消灭　疼痛　奇怪

黑暗　珍贵　挖掘

升起　飞翔　捕捉

20. 反义字组词

远近　方圆　凹凸

天地　吉凶　昼夜

善恶　安慰　动静

第二章　成语篇

1. 成语填空

跃跃欲试　所向披靡　绝无仅有

美中不足　回味无穷　久负盛名

燃眉之急　饥寒交迫　一鼓作气

日夜兼程　惊心动魄　直截了当

2. 成语纠错

侧耳倾听　深思熟虑　司空见惯

来之不易　冰清玉洁　不屈不挠

前所未有　崇山峻岭　唇枪舌剑

负荆请罪　有恃无恐　走投无路

3. 叠词成语（一）

沸沸扬扬　轰轰烈烈

踉踉跄跄　期期艾艾

兢兢业业　浑浑噩噩

洋洋洒洒　心心念念

4. 叠词成语（二）

落落大方　比比皆是

历历在目　窃窃私语

姗姗来迟　欣欣向荣

侃侃而谈　惴惴不安

5. 叠词成语（三）

怒气冲冲　大名鼎鼎

白雪皑皑　生机勃勃

文质彬彬　风尘仆仆

虎视眈眈　人才济济

6. 隔字相同的成语（一）

群策群力　自吹自擂

可歌可泣　再接再厉

一心一意　作威作福

不偏不倚　百发百中

7. 隔字相同的成语（二）

大错特错　人云亦云

似懂非懂　以牙还牙

自然而然　将错就错

出尔反尔　得过且过

缘木求鱼　青梅竹马

8. 首尾相同的成语

天外有天　日复一日（年复一年）

闻所未闻　痛定思痛

退无可退　贼喊捉贼

为所欲为　难上加难

13. 成语之最

一手遮天　顶天立地

一日三秋　无米之炊

一目十行　一毛不拔

一文不值　一落千丈

9. 含数字的成语

五花八门　三教九流

九牛一毛　千军万马

十全十美　一尘不染

一见如故　百步穿杨

14. 数字猜成语

丢三落四　得寸进尺

三五成群　度日如年

一五一十　七零八落

七上八下　百里挑一

10. 含器官的成语

愁眉苦脸　心悦诚服

一叶障目　悬梁刺股

摩拳擦掌　耳熟能详

眉飞色舞　没齿难忘

15. 图片猜成语

一叶障目　披星戴月

僧多粥少　四面楚歌

16. 多字成语

无巧不成书　虎父无犬子

快刀斩乱麻　不打不相识

名师出高徒　树倒猢狲散

一寸光阴一寸金　此地无银三百两

初生牛犊不怕虎　多行不义必自毙

身在曹营心在汉　解铃还须系铃人

11. 含动物的成语

风声鹤唳　指鹿为马

杯弓蛇影　舐犊情深

千里鹅毛　兔死狐悲

心猿意马　闻鸡起舞

12. 含植物的成语

投桃报李　昙花一现

藕断丝连　顺藤摸瓜

世外桃源　萍水相逢

17. 成语接龙（一）

呆若木鸡→鸡飞蛋打→打抱不平
→平心静气→气定神闲

18. 成语接龙（二）

明目张胆→胆大包天→天经地义
→义无反顾→顾此失彼

第三章　诗歌篇

1. 补写诗句

随风潜入夜，润物细无声。

柴门闻犬吠，风雪夜归人。

烽火连三月，家书抵万金。

孤舟蓑笠翁，独钓寒江雪。

远上寒山石径斜，白云生处有人家。

千里莺啼绿映红，水村山郭酒旗风。

人间四月芳菲尽，山寺桃花始盛开。

但使龙城飞将在，不教胡马度阴山。

2. 关于四季的诗句（春）

阳春布德泽，万物生光辉。

不知细叶谁裁出，二月春风似剪刀。

天街小雨润如酥，草色遥看近却无。

竹外桃花三两枝，春江水暖鸭先知。

3. 关于四季的诗句（夏）

黄梅时节家家雨，青草池塘处处蛙。

毕竟西湖六月中，风光不与四时同。

童孙未解供耕织，也傍桑阴学种瓜。

梅子金黄杏子肥，麦花雪白菜花稀。

4. 关于四季的诗句（秋）

空山新雨后，天气晚来秋。

常恐秋节至，焜黄华叶衰。

湖光秋月两相和，潭面无风镜未磨。

银烛秋光冷画屏，轻罗小扇扑流萤。

5. 关于四季的诗句（冬）

遥知不是雪，为有暗香来。

草枯鹰眼疾，雪尽马蹄轻。

云横秦岭家何在？雪拥蓝关马不前。

千里黄云白日曛，北风吹雁雪纷纷。

6. 含数字的诗句

故人西辞黄鹤楼，烟花三月下扬州。

山重水复疑无路，柳暗花明又一村。

飞流直下三千尺，疑是银河落九天。

南朝四百八十寺，多少楼台烟雨中。

7. 含月份的诗句

田家少闲月，五月人倍忙。

八月秋高风怒号，卷我屋上三重茅。

停车坐爱枫林晚，霜叶红于二月花。

可怜九月初三夜，露似珍珠月似弓。

8. 含植物的诗句

羌笛何须怨杨柳，春风不度玉门关。

西塞山前白鹭飞，桃花流水鳜鱼肥。

更无柳絮因风起，惟有葵花向日倾。

此夜曲中闻折柳，何人不起故园情？

9. 含动物的诗句

独怜幽草涧边生，上有黄鹂深树鸣。

杨花落尽子规啼，闻道龙标过五溪。

黄鹤一去不复返，白云千载空悠悠。

莫笑农家腊酒浑，丰年留客足鸡豚。

10. 含地名的诗句

借问酒家何处有，牧童遥指杏花村。

渭城朝雨浥轻尘，客舍青青柳色新。

洛阳亲友如相问，一片冰心在玉壶。

京口瓜洲一水间，钟山只隔数重山。

11. 含叠词的诗句

又送王孙去，萋萋满别情。

念天地之悠悠，独怆然而涕下。

挥手自兹去，萧萧班马鸣。

故园东望路漫漫，双袖龙钟泪不干。

12. 含方位词的诗句

月明星稀，乌鹊南飞。

天门中断楚江开，碧水东流至此回。

王师北定中原日，家祭无忘告乃翁。

东边日出西边雨，道是无情却有情。

13. 关于节日的诗句

中秋节

春节

清明节

重阳节

寒食节

14. 古诗之最

烽火连三月，家书抵万金。

两岸猿声啼不住，轻舟已过万重山。

桃花潭水深千尺，不及汪伦送我情。

危楼高百尺，手可摘星辰。

15. 诗句中的季节

夏季

冬季

春季

夏季

秋季

春季

冬季

16. 诗句中的人名

黄四娘家花满蹊，千朵万朵压枝低。

桃花潭水深千尺，不及汪伦送我情。

岑夫子，丹丘生，将进酒，杯莫停。

至今思项羽，不肯过江东。

17. 诗句中的颜色

春风又绿江南岸，明月何时照我还。

疏影横斜水清浅，暗香浮动月黄昏。

两岸青山相对出，孤帆一片日边来。

晓看红湿处，花重锦官城。

日照香炉生紫烟，遥看瀑布挂前川。

第四章 谚语俗语篇

1. 学习类谚语

活到老，学到老。

读书百遍，其义自见。

拳不离手，曲不离口。

学问学问，多学多问。

三人行，必有我师。

好记性不如烂笔头。

读书破万卷，下笔如有神。

世上无难事，只怕有心人。

玉不琢，不成器；人不学，不知道。

学如逆水行舟，不进则退。

内行看门道，外行看热闹。

台上三分钟，台下十年功。

三百六十行，行行出状元。

2. 时间类谚语

不怕慢，就怕站。

机不可失，时不再来。

时间是最宝贵的财富。

花有重开日，人无再少年。

补漏趁天晴，读书趁年轻。

黑发不知勤学早，白首方悔读书迟。

花儿凋谢不再开，光阴一去不再来。

今朝有事今朝做，莫将忙事待明天。

一寸光阴一寸金，寸金难买寸光阴。

一年之计在于春，一日之计在于晨。

3. 勤劳类谚语

勤劳是个宝，一生离不了。

一分耕耘，一分收获。

细水长流，吃穿不愁。

勤是摇钱树，俭是聚宝盆。

鸟美在羽毛，人美在勤劳。

一勤生百巧，一懒生百病。

4. 习惯类谚语

饭后百步走，活到九十九。

冬练三九，夏练三伏。

春不减衣，秋不加冠。

食不言，寝不语。

5. 交友类谚语

远亲不如近邻。

有福同享，有难同当。

近朱者赤，近墨者黑。

交人交心，浇花浇根。

岁寒知松柏，患难见真情。

老乡见老乡，两眼泪汪汪。

在家靠父母，出门靠朋友。

路遥知马力，日久见人心。

酒逢知己千杯少，话不投机半句多。

有缘千里来相会，无缘对面不相逢。

6. 励志类谚语

海阔凭鱼跃，天高任鸟飞。

宝剑锋从磨砺出，梅花香自苦寒来。

吃得苦中苦，方为人上人。

百闻不如一见，百见不如一干。

有志不在年高，无志空活百岁。

7. 修养类谚语

将军额上能跑马，宰相肚里能撑船。

好话一句三冬暖，恶语伤人六月寒。

君子一言，驷马难追。

滴水之恩，当涌泉相报。

静坐常思己过，闲谈莫论人非。

8. 哲理类谚语

人在屋檐下，不得不低头。

病来如山倒，病去如抽丝。

明人不做暗事，真人不说假话。

强扭的瓜不甜。

常在河边走，哪有不湿鞋。

不做亏心事，不怕鬼敲门。

三个臭皮匠，顶个诸葛亮。

人心齐，泰山移。

舍不得孩子，套不着狼。

当家才知柴米贵，养儿方知父母恩。

山中无老虎，猴子称大王。

树挪死，人挪活。

人往高处走，水往低处流。

9. 三字俗语（一）

智多星

活菩萨

地头蛇

墙头草

主心骨

东道主

纸老虎

笑面虎

老黄牛

马屁精

铁公鸡

夜猫子

10. 三字俗语（二）

破天荒

挖墙脚

炒鱿鱼

大杂烩

打水漂

滚雪球

交学费

抱佛脚

拍脑袋

唱反调

吊胃口

11. 五字俗语

八九不离十　　一碗水端平

人心隔肚皮　　人生地不熟

贵人多忘事　　换汤不换药

鲤鱼跃龙门　　无巧不成书

小巫见大巫　　天高皇帝远

先下手为强　　无风不起浪

久旱逢甘霖　　千里送鹅毛

十八般武艺　　一亩三分地

一锤子买卖　　依葫芦画瓢

老牛拉破车　　空手套白狼

物以稀为贵　　不打不相识

12. 六字俗语

过五关斩六将　　八竿子打不着

井水不犯河水　　太岁头上动土

士可杀不可辱　　五十步笑百步

不费吹灰之力　　牛头不对马嘴

有志不在年高　　有眼不识泰山

神不知鬼不觉　　求人不如求己

一不做二不休　　吉人自有天相

挂羊头卖狗肉　　顾左右而言他

前怕狼后怕虎　　无所不用其极

高不成低不就　　鸡蛋里挑骨头

英雄所见略同　　恭敬不如从命

13. 七字俗语

不管三七二十一　　眉毛胡子一把抓

打开天窗说亮话　　老虎屁股摸不得

哪壶不开提哪壶　　身在福中不知福

书到用时方恨少　　一人做事一人当

初生牛犊不怕虎　　多行不义必自毙

长江后浪推前浪　　东方不亮西方亮

不看僧面看佛面　　得饶人处且饶人

拔出萝卜带出泥　　一个巴掌拍不响

一个萝卜一个坑　　一朝天子一朝臣

人心不足蛇吞象　　饱汉不知饿汉饥

不到长城非好汉　　胳膊拧不过大腿

第五章 谜语歇后语篇

1. 《三国演义》人名谜语

魏延

周仓

徐盛

刘表

陆逊

伏完

诸葛亮（孔明）

关羽

马良

高览

合肥

旅顺

长春

无锡

海口

银川

重庆

开封

长沙

上海

齐齐哈尔

2. 《水浒传》人名谜语

施恩

陆谦

宋清

徐宁

花荣

石秀

朱贵

乐进

孙立

安道全

3. 《西游记》人名谜语

悟空

悟能

红孩儿

黄袍怪

4. 《红楼梦》人名谜语

春燕

花袭人

冷子兴

碧痕

5. 中国地名谜语

洛阳

6. 含数字的歇后语

千里送鹅毛——礼轻情意重

十个铜钱少一个——久闻（九文）

八仙过海——各显神通

丈二和尚——摸不着头脑

扁担挑水—— 一心挂了两头

菜刀切豆腐——两面光

三十六计——走为上计

铁打的公鸡—— 一毛不拔

擀面杖吹火—— 一窍不通

半夜三更放大炮—— 一鸣惊人

7. 含动物的歇后语

高射炮打蚊子——大材小用

骑驴看唱本——走着瞧

猫哭耗子——假慈悲

老鼠过街——人人喊打

老虎屁股——摸不得

狗咬吕洞宾——不识好人心

猪鼻子插大葱——装象

肉包子打狗——有去无回

黄鼠狼给鸡拜年——没安好心

狗拿耗子——多管闲事

鸡蛋碰石头——自不量力

8. 含植物的歇后语

芝麻开花——节节高

水仙不开花——装蒜

小葱拌豆腐—— 一清二白

哑巴吃黄连——有苦说不出

竹筒倒豆子——全抖出来

麦秆吹火——小气

二两棉花——弹（谈）不上

王婆卖瓜——自卖自夸

针尖对麦芒——谁也不让谁

墙上茅草——风吹两边倒

早开的红梅—— 一枝独秀

9. 谐音类歇后语

外甥打灯笼——照旧（舅）

嘴上抹石灰——白说（刷）

孔夫子搬家——尽是输（书）

八十岁的老太打哈欠—— 一望无

涯（牙）

四月的冰河——开动(冻)了

响鼓不用重锤—— 一点就明（鸣）

咸菜煮豆腐——不必多言（盐）

十月的萝卜——动（冻）了心

一个墨斗弹出两样线——思（丝）路

不对

大公鸡闹嗓子——别提（啼）了

夫子的徒弟——闲（贤）人

10. 比喻类歇后语

大水冲了龙王庙—— 一家人不认得一

家人

泥菩萨过江——自身难保

秃子头上的虱子——明摆着

秋后的蚂蚱——蹦跶不了几天

聋人的耳朵——摆设

茶壶里煮饺子——有货倒不出

粪坑里的石头——又臭又硬

砌墙的砖头——后来居上

竹篮子打水—— 一场空

癞蛤蟆打哈欠——口气不小

老鼠钻进风箱里——两头受气

棋盘上的卒子——只能进，不能退

11. 《三国演义》歇后语

刘备借荆州——有借无还

徐庶进曹营—— 一言不发

司马昭之心——路人皆知

关公面前耍大刀——自不量力

曹操杀华佗——讳疾忌医

周瑜打黄盖—— 一个愿打，一个愿挨

诸葛亮用兵——神出鬼没

张飞绣花——粗中有细

关公赴会——单刀直入

关云长走麦城——大难临头

关公降曹操——身在曹营心在汉

刘备摔孩子——收买人心

12. 《水浒传》歇后语

林冲上山——官逼民反

梁山兄弟——不打不亲

鲁提辖拳打镇关西——抱打不平

李逵骂宋江——过后赔不是

孙二娘开店——谋财害命

石迁偷鸡——不打自招

林冲到了野猪林——绝处逢生

武大郎上墙头——上不来下不去

梁山的军师——无用（吴用）

林冲误闯白虎堂——单刀直入

杨志卖刀——英雄末路

13. 《西游记》歇后语

猪八戒照镜子——里外不是人

如来佛手上翻筋斗——逃不出手掌心

白骨精见了孙悟空——现了原形

猪八戒吃人参果——全不知滋味

孙猴子上天宫——大闹一场

孙猴子守桃园——自食其果

唐三藏取经——好事多磨

唐僧念紧箍咒——就此一招

猪八戒败阵——倒打一耙

孙悟空赴蟠桃会——不请自到

猪八戒的脊梁——无能之辈（悟能之背）

14. 《红楼梦》歇后语

贾宝玉的丫鬟——喜（袭）人

王熙凤害死尤二姐——心狠手毒

刘姥姥进大观园——眼花缭乱

刘姥姥出大观园——满载而归

贾宝玉看林妹妹—— 一见如故

林黛玉的身子——弱不禁风

油瓶倒了都不扶——懒到家了

千里搭长棚——没有个不散的宴席

贾宝玉出家——看破红尘

第六章 文化常识篇

1. 中国第一部

中国第一部诗歌总集——《诗经》

中国第一部神话集——《山海经》

中国第一部中医学典籍——《黄帝

内经》

中国第一部字典——《说文解字》

中国第一部词典——《尔雅》

中国第一部纪传体通史——《史记》

中国第一部断代体史书——《汉书》

中国第一部编年体史书——《春秋》

中国第一部语录体著作——《论语》

中国第一部兵书——《孙子兵法》

中国第一部大百科全书——《永乐大典》

中国第一部科普作品——《梦溪笔谈》

中国第一部水文地理专著——《水经注》

2. 中国文学之最

最早的爱国诗人——屈原

最早的田园诗人——陶渊明

古代最伟大的浪漫主义诗人——李白

古代最伟大的现实主义诗人——杜甫

古代写诗最多的爱国诗人——陆游

古代最杰出的两位边塞诗人——高适、岑参

古代最杰出的豪放派词人——苏轼

古代最杰出的女词人——李清照

古代最著名的爱国词人——辛弃疾

现代最伟大的文学家——鲁迅

3. 战国四公子

齐国——孟尝君（田文）

赵国——平原君（赵胜）

楚国——春申君（黄歇）

魏国——信陵君（魏无忌）

4. 初唐四杰

《送杜少府之任蜀州》——王勃

《从军行》——杨炯

《长安古意》——卢照邻

《咏鹅》——骆宾王

5. 北宋文坛四大家

《泊船瓜洲》——王安石

《醉翁亭记》——欧阳修

《饮湖上初晴后雨》——苏轼

《题竹石牧牛》——黄庭坚

6. 元曲四大家

《窦娥冤》——关汉卿

《唐明皇秋夜梧桐雨》——白朴

《天净沙·秋思》——马致远

《倩女离魂》——郑光祖

7. 四大美女

沉鱼——西施

落雁——王昭君

闭月——貂蝉

羞花——杨玉环

8. 四大发明

东汉蔡伦——造纸术

北宋毕昇——印刷术

道家炼丹术——火药

司南——指南针

9. 四大民间传说

鹊桥相会——牛郎织女

哭倒长城——孟姜女哭长城

化蝶——梁山伯与祝英台

雷峰塔——白蛇传

10. 四大名著

罗贯中——《三国演义》

施耐庵——《水浒传》

吴承恩——《西游记》

曹雪芹——《红楼梦》

11. 四大名剧

王实甫——《西厢记》

汤显祖——《牡丹亭》

洪昇——《长生殿》

孔尚任——《桃花扇》

12. 四大名楼

山西永济——鹳雀楼

江西南昌——滕王阁

湖北武汉——黄鹤楼

湖南岳阳——岳阳楼

13. 四大书院

河南商丘——应天书院

湖南长沙——岳麓书院

江西九江——白鹿洞书院

河南郑州——嵩阳书院

14. 四大石窟

甘肃敦煌——莫高窟

河南洛阳——龙门石窟

山西大同——云冈石窟

甘肃天水——麦积山石窟

15. 四大佛教名山

山西——五台山

四川——峨眉山

浙江——普陀山

安徽——九华山

16. 四大道教名山

湖北——武当山

四川——青城山

江西——龙虎山

安徽——齐云山

17. 四大灵兽

东方——青龙

西方——白虎

南方——朱雀

北方——玄武

18. 文房四宝

写字的工具——笔

写字的颜料——墨

文字的载体——纸

盛放颜料的器具——砚

19. 文人四友

乐器——琴

博弈——棋

汉字——书

丹青——画

20. 国画四君子

陆游——梅

屈原——兰

郑板桥——竹

陶渊明——菊

21. 古籍四大类别

《诗经》——经

《史记》——史

《庄子》——子

《楚辞》——集

22. 兄弟四排行

老大——伯（孟）

老二——仲

老三——叔

老四——季

23. 四书五经

四书：

《论语》

《孟子》

《大学》

《中庸》

五经：

《诗经》

《尚书》

《礼记》

《周易》

《春秋》

24. 古代学派

孔子、孟子——儒家

商鞅、韩非子——法家

老子、庄子——道家

墨子——墨家

25. 古代敬称

尊称对方的父亲——令尊

尊称对方的母亲——令堂

尊称对方的儿子——令郎

尊称对方的女儿——令爱

26. 古代交友称谓

贫贱之交

金兰之交

刎颈之交

忘年之交

竹马之交

布衣之交

患难之交

管鲍之交

27. 古代年龄代称（一）

垂髫

总角

束发

及笄

28. 古代年龄代称（二）

二十岁——弱冠

三十岁——而立

四十岁——不惑

五十岁——知天命

六十岁——花甲

七十岁——古稀

八九十岁——耄耋

一百岁——期颐

29. 五类填空

五味：酸、甜、苦、辣、咸

五行：金、木、水、火、土

五金：金、银、铜、铁、锡

五音：宫、商、角、徵、羽

五脏：心、肝、脾、肺、肾

30. 古代六艺

礼仪——礼

音乐——乐

射箭——射

驾驶——御

书画——书

数学——数

31. 著名古都

西安

洛阳

北京

南京

开封

杭州

安阳

郑州

32. 诗人称号

诗仙——李白

诗圣——杜甫

诗佛——王维

诗魔——白居易

诗豪——刘禹锡

诗奴——贾岛

诗狂——贺知章

诗囚——孟郊

诗骨——陈子昂

33. 文人雅号

青莲居士——李白

香山居士——白居易

半山居士——王安石

六一居士——欧阳修

东坡居士——苏轼

稼轩居士——辛弃疾

易安居士——李清照

板桥居士——郑板桥

随园居士——袁枚

34. 《三国演义》人物

水淹七军——关羽

草船借箭——诸葛亮

义释严颜——张飞

长坂坡单骑救主——赵云

苦肉计——黄盖、周瑜

髀肉复生——刘备

割发代首——曹操

火烧赤壁——周瑜

白衣渡江——吕蒙

火烧连营——陆逊

失街亭——马谡

35. 《水浒传》人物

及时雨——宋江

智多星——吴用

豹子头——林冲

霹雳火——秦明

花和尚——鲁智深

黑旋风——李逵

小李广——花荣

行者——武松

神行太保——戴宗

九纹龙——史进

矮脚虎——王英

鼓上蚤——时迁

36. 《西游记》人物

孙悟空

唐僧

猪八戒

沙和尚

37. 《红楼梦》人物

林黛玉

元春

惜春

薛宝钗

晴雯

38. 名与字

孔丘——仲尼

曹操——孟德

诸葛亮——孔明

关羽——云长

赵云——子龙

周瑜——公瑾

李白——太白

杜甫——子美

韩愈——退之

柳宗元——子厚

欧阳修——永叔

苏轼——子瞻

岳飞——鹏举

39. 皇帝名字

秦始皇——嬴政

汉高祖——刘邦

汉武帝——刘彻

隋文帝——杨坚

唐太宗——李世民

唐玄宗——李隆基

宋太祖——赵匡胤

宋徽宗——赵佶

明太祖——朱元璋

明成祖——朱棣

清太祖——爱新觉罗·努尔哈赤

清圣祖——爱新觉罗·玄烨

40. 籍贯称谓

孟襄阳——孟浩然

柳河东——柳宗元

王临川——王安石

康南海——康有为

41. 官名称谓

王右军——王羲之

王右丞——王维

杜工部——杜甫

苏学士——苏轼

42. 三省六部

三省：

中书省

门下省

尚书省

六部：

吏部

户部

礼部

兵部

刑部

工部

43. 天干地支

天干：

甲乙丙丁戊己庚辛壬癸

地支：

子丑寅卯辰巳午未申酉戌亥

44. 二十四节气

立春、雨水、惊蛰、春分、
清明、谷雨、立夏、小满、
芒种、夏至、小暑、大暑、
立秋、处暑、白露、秋分、
寒露、霜降、立冬、小雪、
大雪、冬至、小寒、大寒。

45. 三部曲

激流三部曲：《家》《春》《秋》

爱情三部曲：《雾》《雨》《电》

女神三部曲：《女神之再生》
《湘累》《棠棣之花》

蚀三部曲：《幻灭》《动摇》
《追求》

农村三部曲：《春蚕》《秋收》
《残冬》

46. 现代名篇

《孔乙己》——鲁迅

《子夜》——茅盾

《骆驼祥子》——老舍

《荷塘月色》——朱自清

《乡愁》——余光中

47. 世界名著

《哈姆雷特》——威廉·莎士比亚

《鲁滨孙漂流记》——丹尼尔·笛福

《格列佛游记》——乔纳森·斯威
夫特

《简·爱》——夏洛蒂·勃朗特

《双城记》——查尔斯·狄更斯

《威尼斯商人》——威廉·莎士比亚

《悲惨世界》——维克多·雨果

《茶花女》——亚历山大·小仲马

《战争与和平》——列夫·尼古拉耶
维奇·托尔斯泰

《堂吉诃德》——塞万提斯

《少年维特的烦恼》——约翰·沃尔
夫冈·冯·歌德

48. 中国城市别称

山城——重庆

泉城——济南

彭城——徐州

申城——上海

蓉城——成都

羊城——广州

春城——昆明或长春

江城——武汉

星城——长沙

冰城——哈尔滨

太阳城——拉萨

英雄城——南昌

49. 世界城市别称

水城——威尼斯

雾都——伦敦

狮城——新加坡

风城——惠灵顿

表城——伯尔尼

雨城——乞拉朋齐

圣城——耶路撒冷

桥城——汉堡

音乐城——维也纳

电影城——戛纳

汽车城——底特律

第七章 方格填字篇

1. 成语挑战（一）

光明磊落

落井下石

2. 成语挑战（二）

百里挑一

一意孤行

雷厉风行

雷打不动

动人心弦

3. 成语挑战（三）

黄粱美梦

梦寐以求

供不应求

求贤若渴

望梅止渴

4. 成语挑战（四）

虎口拔牙

牙牙学语

窃窃私语

语重心长

5. 成语挑战（五）

单刀直入

单枪匹马

马到成功

功成身退

知难而退

6. 成语挑战（六）

高山流水

高抬贵手

手足之情

却话巴山夜雨时

天涯共此时

16. 诗句挑战（七）

东风无力百花残

东风不与周郎便

无为在歧路

百年多病独登台

独坐幽篁里

17. 诗句挑战（八）

雪上空留马行处

海上生明月

戎马关山北

处处闻啼鸟

18. 词句挑战（一）

人有悲欢离合

有暗香盈袖

笑语盈盈暗香去

19. 词句挑战（二）

怎一个愁字了得

一夜鱼龙舞

起舞弄清影

冷冷清清

20. 词句挑战（三）

化作相思泪

泪眼问花花不语

自在飞花轻似梦

更在斜阳外

21. 词句挑战（四）

昨夜西风凋碧树

大江东去

我欲乘风归去

斜阳草树

第八章 横纵填字篇

1. 词语填字（一）

横向：1. 人才济济

2. 相濡以沫

纵向：一、人不可貌相

二、济南

2. 词语填字（二）

横向：1. 敲竹杠

2. 树倒猢狲散

3. 孺子可教

纵向：一、竹筒倒豆子

3. 词语填字（三）

横向：1. 初生牛犊不怕虎

2. 少壮不努力

纵向：一、生机勃勃

二、不费吹灰之力

三、虎符

二、归心似箭

4. 诗词填字（一）

横向：1. 一夜征人尽望乡

纵向：一、一片冰心在玉壶

二、人面桃花相映红

三、乡书何处达

5. 诗词填字（二）

横向：1. 一曲新词酒一杯

纵向：一、此夜曲中闻折柳

二、黄鹤一去不复返

6. 诗词填字（三）

横向：1. 春草明年绿

2. 上有黄鹂深树鸣

3. 楼船夜雪瓜洲渡

纵向：一、春日凝妆上翠楼

二、萧萧班马鸣

7. 综合填字（一）

横向：1. 毕其功于一役

2. 敬酒不吃吃罚酒

纵向：一、毕恭毕敬

二、朱门酒肉臭

8. 综合填字（二）

横向：1. 醉生梦死

2. 意恐迟迟归

纵向：一、醉翁之意不在酒

9. 综合填字（三）

横向：1. 偷鸡不成蚀把米

2. 沐猴而冠

纵向：一、杀鸡给猴看

二、数米而炊

10. 综合填字（四）

横向：1. 换汤不换药

2. 凭君传语报平安

纵向：一、名不见经传

二、王安石

11. 综合填字（五）

横向：1. 不为五斗米折腰。

2. 柴门闻犬吠。

纵向：一、磨刀不误砍柴工。

二、蟾宫折桂。